The Girls' Guide to Growing Up
Choices and Changes in the Tween Years

迎接我的青春期

发育障碍女孩成长手册

[美]特丽·库温霍芬（Terri Couwenhoven, M.S.）著　白萍　张勇　译

献给我主持的青春期工作坊里的孩子们及其父母,他们让我明白了,获取简洁有效的信息是如此重要的一件事。

性教育，刻不容缓

青春期的智障学生由于身体发育状况和落后的认知水平之间存在着不匹配，他们不会正确表达自己心里的感受和处理生理问题，个别学生有时还会在教室等公共场所触摸自己的性器官。要想解决这些问题，必须重视对特殊儿童进行正面教育，适时开展符合他们认知水平的性教育，在这一点上，所有特殊教育工作者早已达成共识。

从前，我们认为的性教育就是让学生知道青春期生理的变化和自护知识。其实这样的理解是十分狭隘的，这些内容仅仅是性教育中的一部分。性教育包含了从性别角色、性别认同、人体结构、生长发育到性需要、性取向、性行为、怀孕与分娩，以及性侵害等方方面面。性教育涉及的内容完全能够形成一门系统的课程，贯穿我们的一生。《迎接我的青春期：发育障碍男孩成长手册》和《迎接我的青春期：发育障碍女孩成长手册》描述了在青春期到来之际，男孩和女孩在生理和心理上分别会发生哪些变化，主要包括身体的生长发育和性需要的产生，并为孩子提供了应对这些变化时可采取的策略。《迎接我的青春期》包含的内容并不广泛，但作者抓住了青春期孩子面临的最窘迫的问题，这些问题的解决是成功开展性教育的第一步，也是最重要的一步。

那么，教师和家长应当何时开始性教育呢？我认为应当即刻开始。当孩子处于婴幼儿时期时，我们就可以教他们认识性别角色，形成性别认同，并学会自我保护。随着孩子身体和心智的发育，我们可以逐渐教他们生长发育、性需要、性行为、性侵害的相关知识，直至孩子即将成年甚至已经成年时，仍有必要继续性教育，教他们如何满足自身的性需要，如何建立和维护亲密关系，以及如何避孕等。《迎接我的青春期》为智力障碍儿童所作，所需阅读水平相当于三年级小学生的阅读水平。所有阅读水平达到这个标准且对青春期的发育变化不太了解的孩子都可以阅读这本书，如果孩子的阅读水平没有达到标准，也可以在家长或教师的引导下阅读。《迎接我的青春期》的读者不限于智力障碍儿童，更不限于即将或已经步入青春期的孩子。

家长和教师在进行性教育的过程中可能面临"望性生畏""唯性难讲"的困境。我认为造成这一困境的原因一方面是家长和教师对性教育没有形成正确的态度，另一方面是缺少可供参考的教学资料。首先，家长和教师自身在对待性教育时不能逃避，要抱以客观坦诚、严肃认真的态度。其次，找到合适的教学资料也是开展性教育中重要的一环。《迎接我的青春期》就是一套为特殊儿童设计的性教育图书，用客观的语言描述了青春期身体会发生的各种变化。语言简单易懂，符合特殊儿童的阅读水平。书中还配以大量具体写实的插图，可以更好地帮助儿童了解身体的真实面貌。《迎接我的青春期》帮助家长和教师讲解并描绘了很多"难以启齿"的问题，非常适合在培智学校和家长群中推广使用。

如果您想要教孩子一些有关青春期的知识，又不知从何开始，那么这套书可以作为您的得力助手开展教学。所以，即刻开始您和孩子的性教育之旅吧！

芦燕云

北京市西城区培智中心学校校长

"让他们拥有更完整的人生"

——以家长视角看发育障碍孩子性教育的必要性和重要性

性是所有动物的基本特征，自然也是人类的基本特征，当然也包括孤独症谱系人士及其他发育障碍人士。因为他们缺乏像普通人一样可以自发地、自觉地从社会资源尤其是人际关系中去学习、去观摩、去借鉴、去实践的能力，所以我们更需要为他们提供实际的、具体的、详细的、科学的性教育，帮助他们预防问题、解答困惑、适应变化、明晰界限。作为一名孤独症孩子的家长，我更能看到性关系与社会关系之间的紧密联系，而发展社会关系必备的社交和沟通能力恰恰是孤独症孩子的核心障碍之一，在缺乏这两种基本能力的情况下，唯一能补救的就是教育和实践了，尤其是长期的、适时的、细致的、实际的性教育。

以我个人的经历和体会来看，我认为对孤独症谱系孩子的性教育家长应该做到如下几点：

1. 家长端正对性教育的认识，是残障孩子拥有完整人生的基础。

毕竟绝大多数的发育障碍孩子和成人在日常生活中，很大程度上还是要依靠外来的辅助，而其中占比最大、持续时间最久的辅助自然来自家长。如果家长坚决不认同自己的残障孩子也应该尽可能地有一个完整的人生的话，那么这孩子将来的路自然会狭窄得多。其实，大多数家长不愿进行性教育是出于自身对性教育的认识不足，比如：担心万一孩子有恋爱成婚的需求，却没有能力可以实现；担心会增加孩子遭到性侵犯的概率；或是担心不知道如何回答或解决这方面的问题或困难。这些都是对性教育认识上的偏差，我们可以通过学习、交流和实践改变并加深对性教育的认识。比如说，有些家长从科研调查及其他家长的经验中得知，虽然发育障碍孩子在认知能力和心理水平等多方面都会落后于同龄人，但他们的性发育往往不会落后，这必然会带来心理上、认知上和社交上出现一系列差距和问题。家长们通过交流学习，看到了这个事实，从而改变了最初的想法，开始开展性教育。在孩子自身能力不足的情况下，大概也只有靠家长去督促、去争取、去学习、去交流，才能帮助孩子"拥有一个完整的人生"。

2. 家长把握特殊孩子的需要，学习性教育相关专业知识和技能，这是对他们进行有效的、全面的性教育的关键。

我们都知道，发育障碍个体的情况千差万别。我们根本不能用教育普通孩子的方式去教这些孩子，而是需要根据他们自身的障碍程度和接受方式进行教育，要看他们的认知能力、学习方式、思维方式、社会经验、社交范围、实践能力等各方面情况如何，总之要量身定制，否则没有效果。

但是怎么去说，怎么去教，该教什么，该注意什么，这里面有很多具体的问题需要解决，也需要给家长及教育工作者提供必要的资源。美国近年来出版了一些针对各类残障人士的性教育教程，非常实用，其中有些也已经被引入国内，比如华夏出版社出版的《智能障碍儿童性教育指南》《迎接我的青春期：发育障碍男孩成长手册》《迎接我的青春期：发育障碍女孩成长手册》，这三本书是由美国资深的性教育专家根据多年的经验撰写而成，尽管原书主要面向唐氏综合征儿童和青少年，但书中所述的基本知识和建议同样适合其他发育障碍青少年，可以为构建性教育和青春期教育框架提供参考，据此为发育障碍青少年进行既系统全面又切合实际的性教育。

3. 家长要认识到对特殊需要青少年，乃至成人的性教育，是一个长期的过程。

发育障碍人士的自身特点和局限决定了他们无法做到听你讲一次就懂了，听懂了就会用，会用了就能融会贯通，现在会了将来还会，解决了这个问题就能明白下个问题怎么去做。所以对于我们这些家长来说，首先要知道性教育不是一朝一夕的事情，而是要根据孩子生理年龄、认知程度和心理水平的发展，以及生活中不断出现的新情况、新动向、新问题，不断地跟进、分析、教育、引导、防范和鼓励。性教育伴随着他们的成长。

作为一个孩子在早期就被诊断为孤独症谱系障碍的家长，我建议各阶段的性教育内容如下：

（1）幼儿阶段

培养基本的生活和卫生习惯。如不随地大小便，能够独立如厕，学习独立穿衣。

（2）小学阶段

能独立穿衣洗澡，懂得什么是隐私部位，知道如何保护自己和别人的隐私部位，知道在公开场合以及私底下可以说什么或做什么。

（3）初中前后

了解身体的生理变化、性发育和性行为，男生要知道基本的性发育知识，如勃起、射精、遗精等；女生要开始为月经做准备，了解痛经或经期不适，选择合适的文胸等。

（4）初高中阶段

学习把握与异性交往的界限，学习表达好感爱慕的方式，养成良好的个人卫生习惯，遵守公共卫生规则，提高保护个人隐私意识。掌握如何进行恰当的自慰行为。学习相关法规条例，不触犯儿童色情的法律红线。

（5）成人阶段

学习掌握各种人际关系的界限，学习和巩固如何发展与异性朋友的关系。发展亲密关系的成人，要学习"双方自愿"的原则，学习避孕和性传染疾病的知识，学习接受被拒绝和分手，学习有关性骚扰、性侵犯的知识和法规，知道自己有恋爱婚姻生育的权利，学习捍卫自己的理想和权利。

这些任务单还可以很长很多很具体，对上面这些内容的学习是他们走向成人、实现自己人生价值的必要的过程。我们的理想和目标，就是尽可能"让他们拥有更完整的人生"，现在我们努力为他们争取平等的受教育的机会和权利，接下来要为他们争取工作的机会和权利、独立生活的机会和权利，当然还有恋爱婚姻生育的权利。虽然这其中有些或许对很多发育障碍青少年来说太过于遥远，但至少他们有接受完整的、切合实际的性教育的机会和权利，这也正是我们今天要倡导要鼓励要推广的主题。

冯斌

孤独症权益倡导家长

目　录

青春期基本知识…………………………………… 1

　　什么是青春期 ………………………………… 2

　　你的青春期从什么时候开始 ………………… 4

身体外在的变化…………………………………… 5

　　身体形态的变化 ……………………………… 6

　　胸部的变化 …………………………………… 8

　　毛发的变化 …………………………………… 10

　　皮肤状况的改变 ……………………………… 12

身体内在的变化…………………………………… 15

　　情绪的变化 …………………………………… 16

　　性感觉的变化 ………………………………… 18

生理期 23

什么是生理期 24
生理期的个人护理 27
如何使用卫生巾 28
你知道什么时候该换卫生巾吗 32

照顾你的身体 35

保持身体清洁 36
保护自己 37

公开的还是私密的 43

身体的隐私部位有哪些 44
公开的还是私密的 45

最后的话 47

成长是很正常的事情 48
关于生理期的常见问题及其答案 49

青春期基本知识

 ## 什么是青春期

　　这本书将帮助你为生活中的一个重要时间段做好准备。这个时间段叫作青春期。

　　青春期是孩子开始成长的时期。在青春期，你的身体会在许多方面发生变化。一些变化会让你看起来更像一个女人，而其他的变化会让你自我感觉更像一个女人。

　　这些变化的发生是正常现象，它发生在每个人的身上！

　　男孩和女孩都会经历青春期，但这本书主要讲述发生在女孩身上的变化。

　　请看下一页女孩和女人的图片。你能看出她们的身体有什么不同吗？

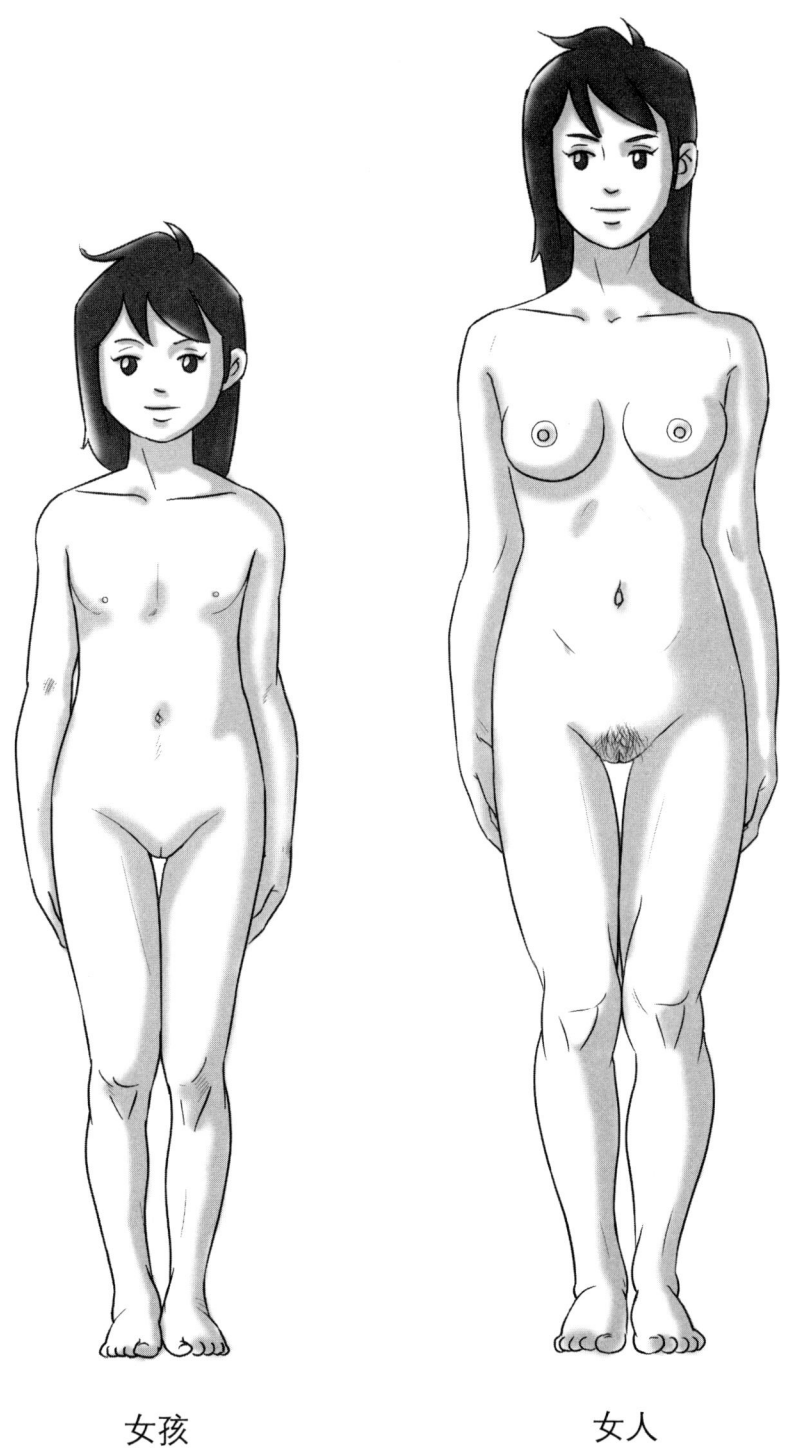

你的青春期从什么时候开始

简短的回答是：年龄在9~15岁之间。那是大多数女孩青春期开始的时候。

详细的回答是：当你的身体准备好了，青春期就会开始。可能是在你9岁或10岁的时候，或者年龄稍大一些——11岁或12岁时，甚至直到13岁或14岁，你的身体可能也看不到任何变化。

你的身体会以自己的速度变化。你需要几年的时间，才能让自己看上去像个成年人。

让我们来谈谈你的身体在青春期会发生哪些变化。

身体外在的变化

你会看到什么变化

你可以看到的身体变化被称为身体外在的变化。当你看到这些变化时，这意味着你正开始进入青春期。

 身体形态的变化

在青春期,你的身体会以多种方式发育!

❊ 你将会变高,你需要更大的衣服。

❊ 你的脚会长大,你需要更大的鞋子。

❊ 你的臀部会变得丰满而圆润,而不是扁平。

在青春期,这些身体上的变化是正常现象。它们会发生在所有的女孩身上。

你的身体需要经过几年时间才会停止发育和变化。青春期结束之际,你的外表看起来会像个女人。

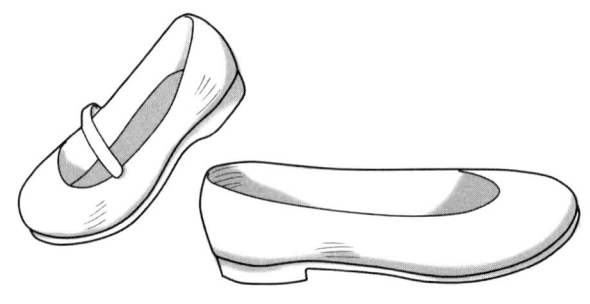

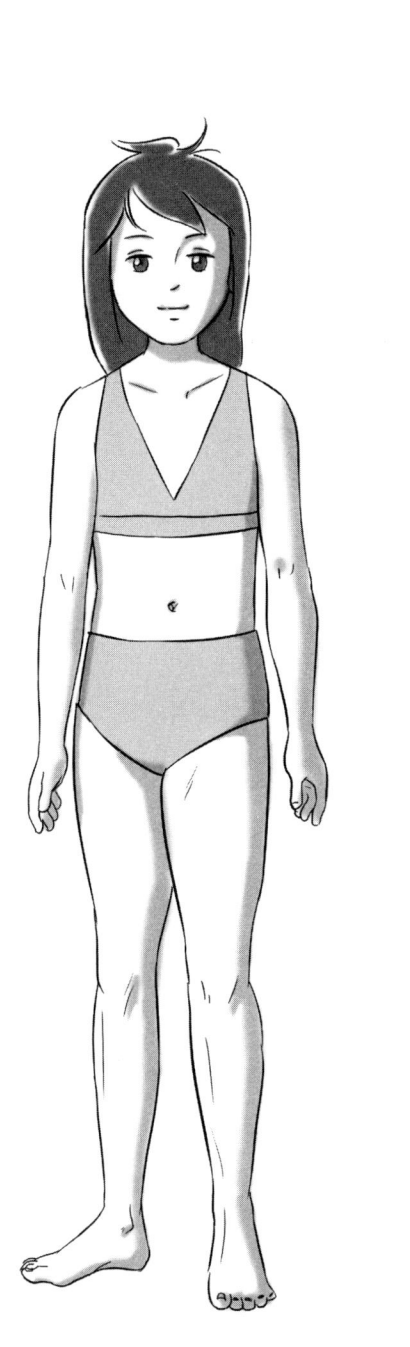
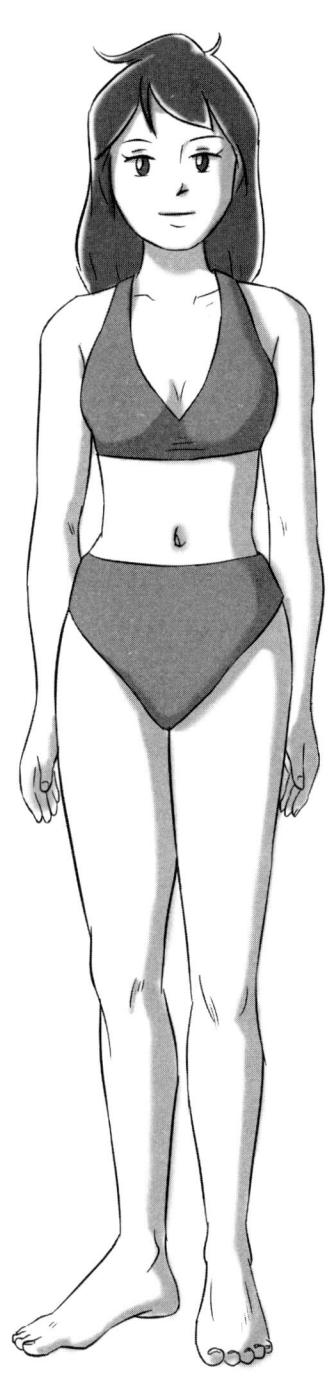

青春期前　　　　　　　　青春期后

 # 胸部的变化

在青春期，女孩的胸部（或乳房）会开始发育。

每个人的乳房大小各不相同。有的女孩的乳房会小一些，有的女孩的乳房会丰满些。

你的胸部要经过几年时间才会停止发育。青春期结束之际，你的乳房将会长成最适合你的尺寸。

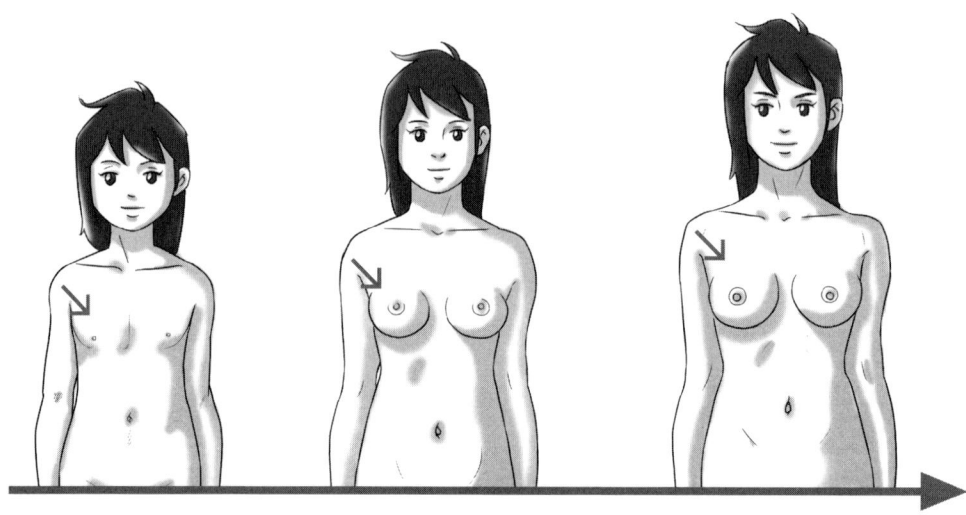

胸部的变化

关于文胸的知识

什么时候应该开始穿文胸?当你的乳房开始发育时,你就需要穿文胸了。发育成熟的女孩和成年女性每天都穿文胸。文胸可以支撑住你的乳房。它也会让你的着装看起来更优雅。

文胸在卖内衣的商店里出售。你可以跟着你的妈妈(或其他成年女性)去店里试穿不同款式的文胸。

文胸的风格和颜色多种多样。你可以挑选适合自己个性的、最喜欢的那一款。

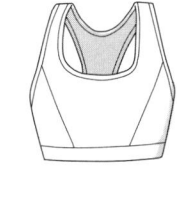 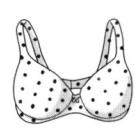 

胸部开始发育了,第一次穿上文胸,这多令人兴奋呀!但请记住:这是非常私密的事情。不要公开任何有关你身体发育和成熟的信息。如果你对此有任何疑问,请与你的父母或其他你信任的成年人聊一聊。

 # 毛发的变化

在青春期，你会长出更多的毛发。体毛会在你的身体上开疆扩土，甚至是在以前从来没有毛发的地方。

在你两腿之间的隐私部位也会长出毛来。这个部位叫作外阴。这里长出的毛被称为阴毛。

一开始，阴毛是柔软而直的。逐渐地，它们会变得浓密而卷曲。

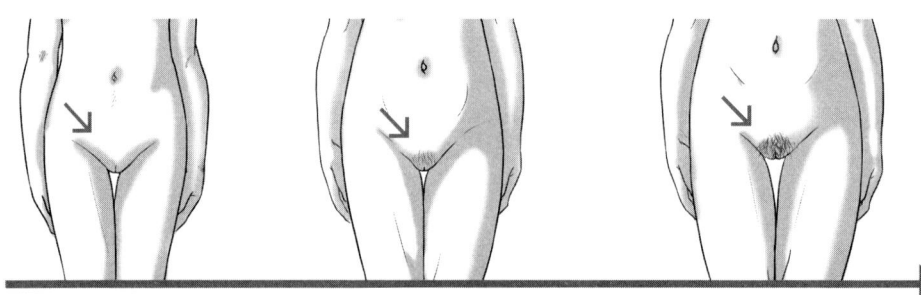

你的腋窝里也会长出毛来。腿上的体毛也会日渐细密。

有的年轻女孩会在夏天或者穿泳衣的时候刮掉腋毛和腿上的体毛。

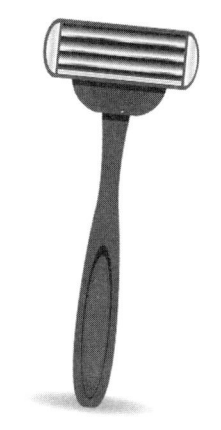

刮体毛需要反复练习，才能掌握其中的技巧。你可以向你的妈妈（或其他成年女性）学习如何使用刮毛刀。也有的女孩子不刮体毛。你可以自己决定是否刮掉体毛。

小秘密

在之前从来没有毛发的身体部位长出体毛来，这是正常现象，但这也是你的个人隐私，对此你无须告诉他人。如果你在这方面有任何疑问，请只和你的父母或其他你信任的成年人谈谈。

 # 皮肤状况的改变

在青春期，你会看到你的皮肤状况有所变化。你的脸可能会变得爱出油、有光泽，也可能会出现红色的肿块或丘疹，这被称为青春痘（粉刺或痤疮）。有些女孩的背部、胸部或身体的其他部位也会冒出粉刺。

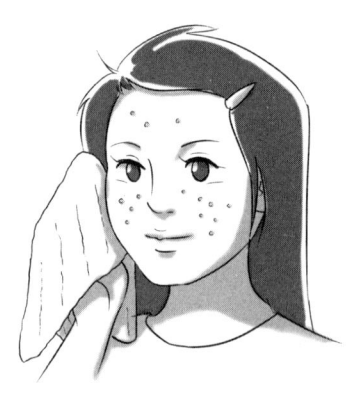

保持皮肤洁净对你来说尤其重要。你需要在早上起床后和晚上睡觉前洗脸，并且尽量不要触摸或挤压粉刺。

如果粉刺疼痛或者过了一段时间都没有消失，那你就需要看医生啦！

那是什么味道?

皮肤的变化也会让你闻起来和小时候有所不同!体味在青春期会变得更强烈。

你要做些什么才能让自己不发出异味呢?

❋ 清洗腋窝和隐私部位。

❋ 增加洗澡的次数。

❋ 使用体香剂。

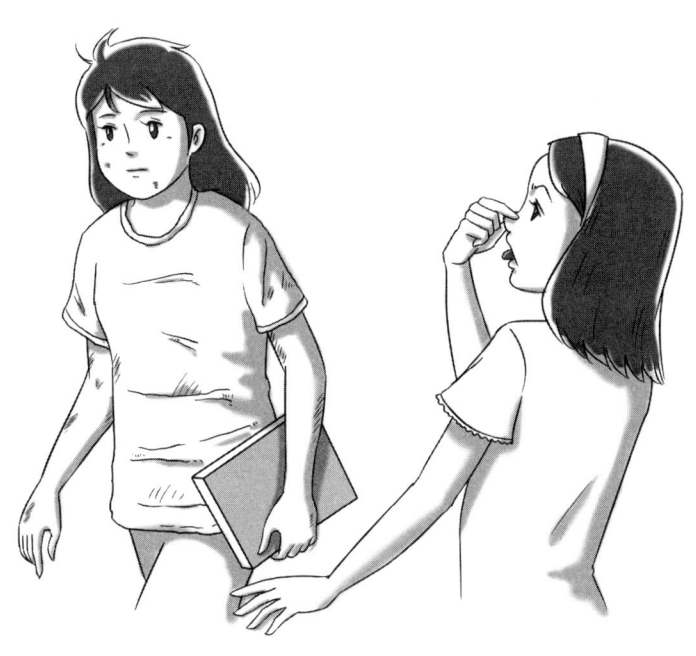

很多女孩一进入青春期就开始使用体香剂。揉搓一些在腋窝里，你就不会出那么多汗。不仅如此，它还能让你的体味变得好闻一些！

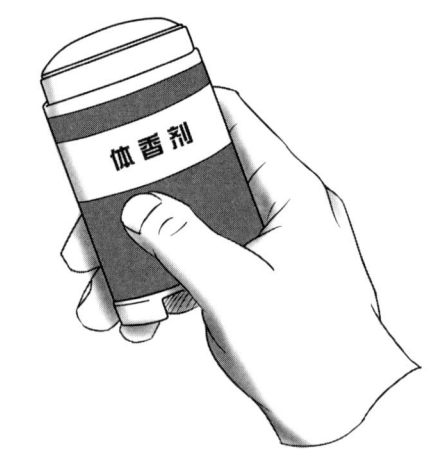

体香剂有很多种。一些是干粉，可以干爽地扑在身体上，另一些则是喷雾。它们的味道也不一样。你可以根据自己的喜好，选择不同味道的体香剂，如花朵、水果味道的，或者无味的！

如果你的体味很重，人们就不想靠近你。为了减少异味，请每天清洗你的身体并使用体香剂。

身体内在的变化

在青春期，不仅仅是你的身体外在会发生改变，身体内在也会有所变化。虽然看不见这些变化，但你会感觉到有哪里不一样了。

接下来，让我们来谈谈青春期发生在你身体内在的那些变化吧！

 # 情绪的变化

在青春期,你的感觉或情绪会改变很多。前一分钟你可能还高高兴兴的,下一分钟,你也许就会感到愤怒或悲伤。这就叫"喜怒无常"。

自己变得"喜怒无常",这很正常。这种情况在青春期的女孩身上很常见。是什么造成了这种变化?答案就是:激素,也就是荷尔蒙。

我们每个人的身体都会产生各种激素。激素帮助我们管理自己的身体,告诉身体应该做什么,如长高或睡觉。

在青春期,你的身体会制造出很多新的激素。在这本书里我们会讲到这些激素如何让你的身体发生变化。受某些激素的影响,你就会变得"喜怒无常"。

如何调节你的情绪

对每个人来说,成长中很重要的一部分就是学习如何处理自己的情绪。当你感到自己正处于"喜怒无常"的状态时,我建议你可以做以下这些事情。

❋ 花时间做一些有趣的事情。听音乐或看一个你最喜欢的电视节目。你平时最喜欢做的事情有哪些呢?

❋ 让你的身体动起来!运动、散步或跳舞可以帮助你走出心情的低谷。

❋ 一个人待着。让自己享受一段远离他人的独处时光会非常有用。

❋ 写下自己的感受,或者和你信任的人聊一聊。

 # 性感觉的变化

在青春期,当你看到或想到自己喜欢的人时,你可能会油然生起一种全新的、强烈的兴奋感觉。这被称为迷恋或暗恋。

有些女孩会迷恋影视明星,有些女孩会迷恋学校或社区里的某个人,而有些女孩却压根没有这种感觉。这些都是正常的。

小秘密

爱慕和迷恋别人是正常的,但这是一件很私密的事,不要将它公之于众。如果你有任何疑问,可以和父母或其他可以信任的成年人私下里聊聊。

如何处理对别人的迷恋

你见过同龄人在她们喜欢的人面前表现得和平时不一样吗?她们或许用语言让喜欢的人注意到她们,例如,她们会写情书,或者对喜欢的人说"你真帅!""我觉得你很可爱"。

她们也可能用肢体语言引起别人的注意。她们会接近那个人，微笑、眨眼睛，或者与其开玩笑。这就是所谓的搭讪。

有些青少年会和他们喜欢的人搭讪。搭讪可以帮助你弄明白对方是否也喜欢自己。有时候，搭讪很有趣，但你应该谨记下面这些规则。

* 只跟周围与你同龄的人搭讪。

* 不要和成年人（教师、助教、店员、公共汽车司机、服务员）搭讪。

* 当你得工作或学习的时候，不要搭讪。

* 有时候你喜欢的人并不喜欢你和他/她搭讪。你的搭讪对于他/她来说可能是一种打扰。如果对方不回应你的搭讪，你就不要继续下去！

当你足够成熟的时候，你可以和你的恋人约会，和他/她讨论对彼此的性感受。向恋人倾诉爱意是正常的。恋人之间可以说一些私人话题，如"你很漂亮""和你在一起很开心"或"我非常喜欢你"。

当你有了性感觉时,还能做些什么呢?

有些女孩在单独一人的时候喜欢触摸或摩擦她们身体的隐私部位。当她们有性感觉或想到她们喜欢的人时就会这样做。这样做的感觉很不错。

触摸或摩擦自己的隐私部位被称为自慰。有些女孩不喜欢触碰自己的隐私部位,这也是非常正常的哦!(如果你不确定自己身体的隐私部位有哪些,请参见第44页。)

小秘密

触摸自己的外阴、乳房或臀部是非常私密的事。(这就是它们被称为隐私部位的原因!)确保你这样做时是在自己的卧室或浴室里,且门是关着的。

 # 什么是生理期

现在我们说说在青春期会发生的一个最重要也是最大的变化。这个变化叫作月经或生理期。

每一句话的结尾都会有一个句号[①]。这是一种语言表述的周期和节奏。但是我们身体的周期却和语言表述完全不一样。

生理期指的是身体内部的经血经由你两腿之间的开口流出体外。这个开口叫作阴道。

生理期期间，经血会从你的阴道流出来，持续四五天，然后停止。到了下个月，你又会经历

① 译注：英语中"月经"的通俗说法与"句号"是同一个词。

一段这样的时间。一旦你开始有了月经，之后的每个月你都会有这样的一段生理期。

生理期是正常现象！

是吗？血液从身体里流出来是正常的吗？！

是的。在生理期期间流出经血，并不意味着你受伤了。一切都没问题。这代表你的身体是健康的、正常的，也表明你的身体内部器官在正常运转。

记住，在青春期你的身体在逐渐成熟，不断变化。生理期的出现是身体的内在变化之一。

第 26 页的图片显示了在青春期身体内部的变化。它显示了经血从哪里来，又从哪里出去。

生理期是个人隐私！

大多数女孩对生理期有很多疑问。月经初潮是一个非常巨大的变化！你可以在本书的第 49 至 55 页找到一些关于生理期的普遍问题的答案。

小秘密

生理期是一种正常现象。它发生在所有女孩身上,但属于个人隐私,不要在公开场合谈论。如果你有任何疑问,可以和你的父母或其他你信赖的成年人谈谈。

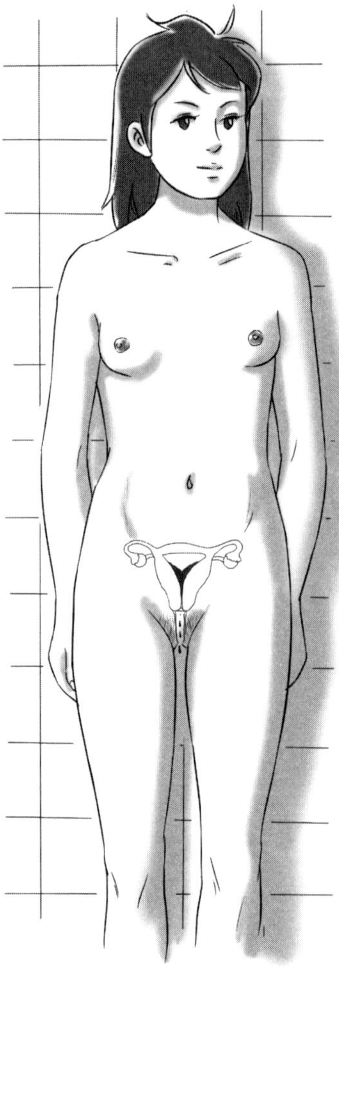

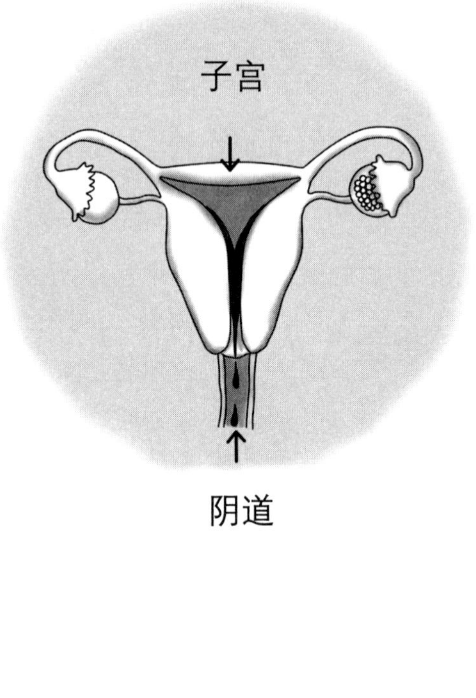

子宫

阴道

 # 生理期的个人护理

在生理期你需要垫上卫生巾。使用卫生巾可以避免经血沾在衣服上。

你和妈妈可以在商店或药店买到卫生巾。卫生巾的款式繁多,类别不同。有的厚,有的薄,有的长,有的短,有的适合白天用,有的适合晚上用,还有的甚至有一双"翅膀"可以包裹住内裤的两边。(但这双小翅膀并不会带你飞哦!)

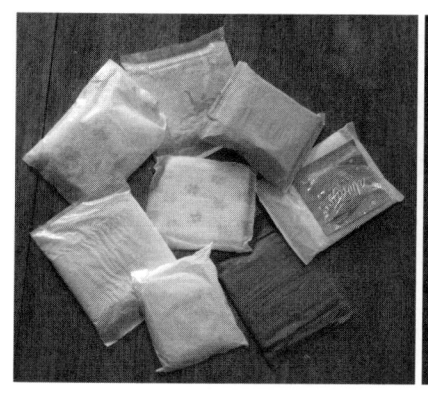
有的卫生巾是独立包装的

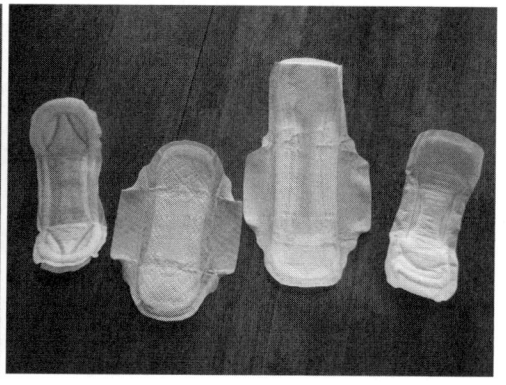
有的卫生巾是非独立包装的

你需要找到一款舒适且不易渗漏的卫生巾。多试几种不同样式的卫生巾,找到最适合你的那一款吧!

 # 如何使用卫生巾

在成长的过程中你需要学会在生理期使用卫生巾。以下图片可以帮助你学会如何使用卫生巾。

第1步： 当你看到内裤上有血迹时，赶快去拿卫生巾。

你看到内裤上有血迹

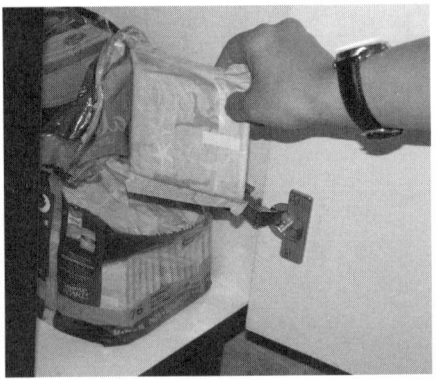
拿卫生巾

 小秘密

更换卫生巾是很私密的事情。所以，要将新买的卫生巾放在私人场所，如浴室。让妈妈告诉你家里的卫生巾放在了哪里。

在学校，你可以把卫生巾放在自己的储物柜、钱包或背包里。如果上学期间你发现内裤上有血迹，请私底下告诉你的老师或校医。如果有需要，他们可以帮助你找到一片卫生巾。

第2步：带着卫生巾去洗手间。更换卫生巾可是私密的事哦！

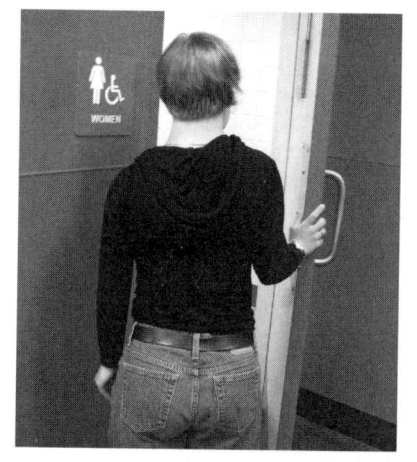
带卫生巾去洗手间

关上门

取出卫生巾

第3步：打开卫生巾。把它贴在你的内裤上。

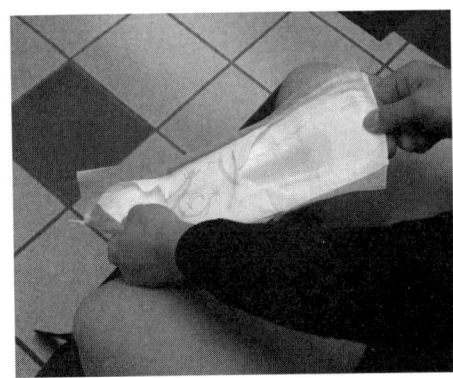
拆开卫生巾

扔掉包装

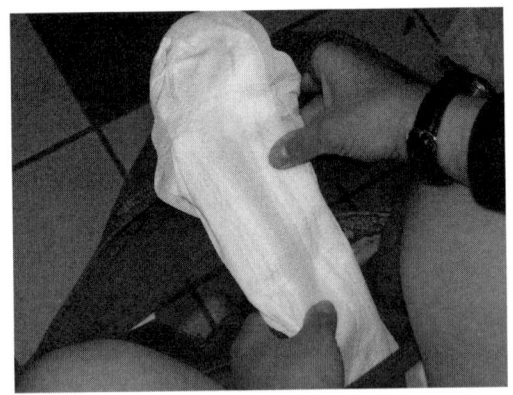
把卫生巾贴在内裤上

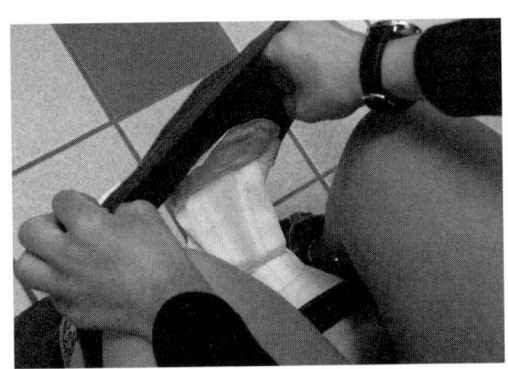
确保卫生巾贴在合适位置且不易脱落

第4步：穿好衣裤并洗手。

提起内裤

拉起裤子

洗手

 小秘密

　　生理期是你的隐私，不要告诉其他人。如果你有任何疑问或需要帮助，在家里，你可以问你的父母；在学校，可以问你信任的老师或其他成年人。

 你知道什么时候该换卫生巾吗

生理期时，你还要及时更换你的卫生巾。如果不及时更换，血会沾到你的衣服上。大部分人每隔2～3小时就需要换一片新的卫生巾。如果在学校里，那就是2～3节课的时间。如果在家里，大概就是两到三集电视剧或一个综艺节目的时长。

如果你不确定是否该换卫生巾了，那么就先换一片吧。要是拖得太久，衣服上就会染上血。那样别人就会知道你正处在生理期，你可能会为此感到尴尬。

不要告诉别人你需要更换卫生巾，这是你的隐私。如果你有任何疑问或需要帮忙，在家里，你可以找你的父母；在学校，你可以向你信任的老师或其他成年人求助。

哪片卫生巾需要更换?

以下几张图片中,你能看出哪片卫生巾需要更换了吗?请指出来。

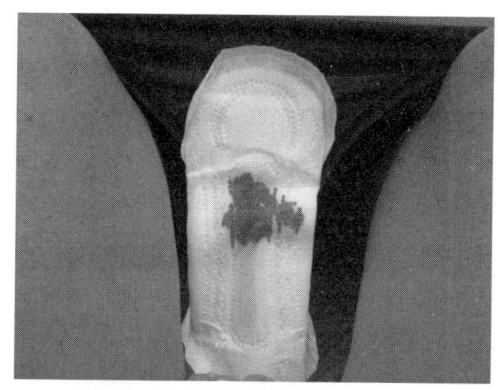

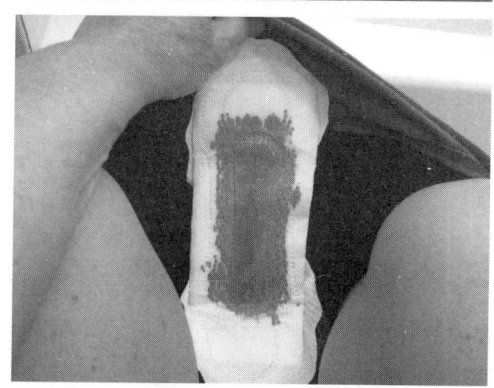

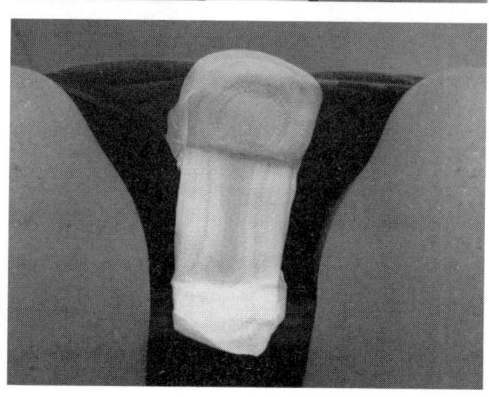

照顾你的身体

 # 保持身体清洁

一旦你进入青春期,就说明你正在发育,日趋成熟!这是一个练习当一个成年人的好时机。成熟的标志之一是保有良好的卫生习惯,即身体干净没有异味。

看看下面的列表。请将身体的变化(左侧)与你需要采取的良好卫生行为(右侧)尝试着一一对应连线。

当你注意到:	你需要:
乳房发育	拿出卫生巾
皮肤总是出油或长出粉刺	洗澡,使用体香剂
内裤上有血	洗脸
卫生巾吸满经血	洗头(或洗澡)
头发油乎乎的	买一件文胸,每天穿
身上有异味	更换卫生巾

保护自己

你正在长大,正在学习如何成为一个成年人。你要先学会几个与你的身体有关的规则。这些规则将有助于你在家里和公共场合保护自己。

你的隐私部位以及与你的身体有关的规则

你正在成长为一个女人,你要举止得体。当有人在你身边时,你要遮盖身体的隐私部位。如果你不明白哪些是身体的隐私部位,请看第44页。

下面是一些规则。

* 在公共场合要穿衣服。

* 洗澡后从浴室走到卧室时,要穿上浴袍。

* 换衣服时,一定要关上卧室的门。

* 在公共浴室或更衣室里,不要盯着其他女孩的身体看。双手始终不要乱动。

记住！你的身体是你自己的，且只属于你自己！

与你的身体有关的触摸规则

你的身体在何时可以被别人触摸，这完全由你自己做主。

如果有人想触摸你的身体，而你不想被触摸，你可以大喊：

* "不！"
* "停止！"
* "我不喜欢这样！"

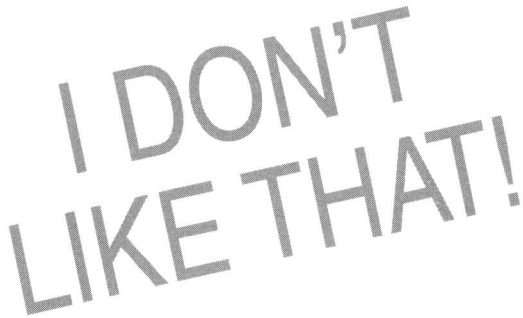

你也可以用你的行动来表示你不想被人触摸。你可以：

* 举起你的手，坚决地说："停！"

* 摇头表示"不！"。

* 直接走开。

重要提示：极少数的特殊情况下（两种），即使你不想被触摸，还是会有人来触摸你的身体。这通常发生在你的身体或隐私部位需要被护理的时候。你能举出一些身体需要被护理的例子吗？

哪些人可以看和触碰你的身体

1. 你的医生或护士

　　你的医生或护士可能需要你脱下衣服来观察你的身体。他或她还可能触摸和检查你的隐私部位。医生的工作就是检查包括你的隐私部位在内的身体状况，确保你的健康。

2. 你的妈妈或其他成年监护人

　　身体干干净净的，你才能健康地成长。有些女孩需要在他人帮助下学会如何清洁自己的身体。如果你想学，可以由你的妈妈或其他可靠的成年人来教你。如果你在这方面需要帮助，让你的父母告诉你谁是可以信赖的人。

　　如果你能够自己清洁身体，那么其他人就不需要和你一起待在浴室里。如果你想让其他人离开，可以这样说："请给我一点隐私。"或"如果我需要帮助，我会叫你！"

记住：只有你的医生、护士、妈妈或其他成年监护人才能看或触摸你的隐私部位。其他任何人都不可以。

如果发生这种情况，你应该：

❋ 说"不！"。

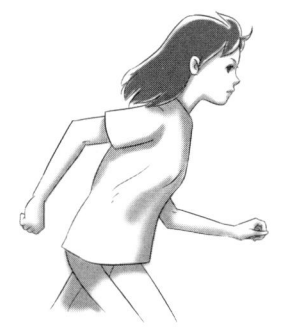

❋ 立刻走开。

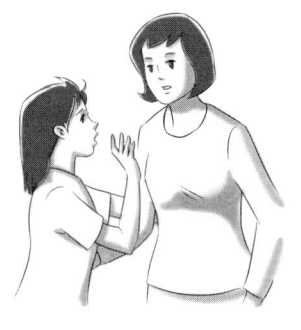

❋ 向其他可以信赖的成年人求助。

触摸他人的规则

现在你知道了，不经过你的允许，任何人都不能触碰你的身体。同理，换个角度想一想，除非得到别人的明确许可，我们也不能触碰他人的身体。如果你想抚摸或触碰你认识的某个人的身体，一定要征得他/她的同意。

不是每个人都喜欢被触碰。有时你想拥抱的人会说"不"或后退，这表示他们不想被触碰。

如果你和别人初次见面，你可以握着对方的手说："很高兴见到你。"人们结交新朋友时，都是这样做的。

千万不要触摸或者拥抱陌生人。坚决不可以看或触摸别人身体的隐私部位。如果有人要求你看或触摸他们身体的隐私部位，你应该：

说"不！"。

立刻走开。

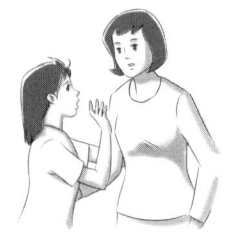

向其他可以信赖的成年人求助。

公开的还是私密的

身体的隐私部位有哪些

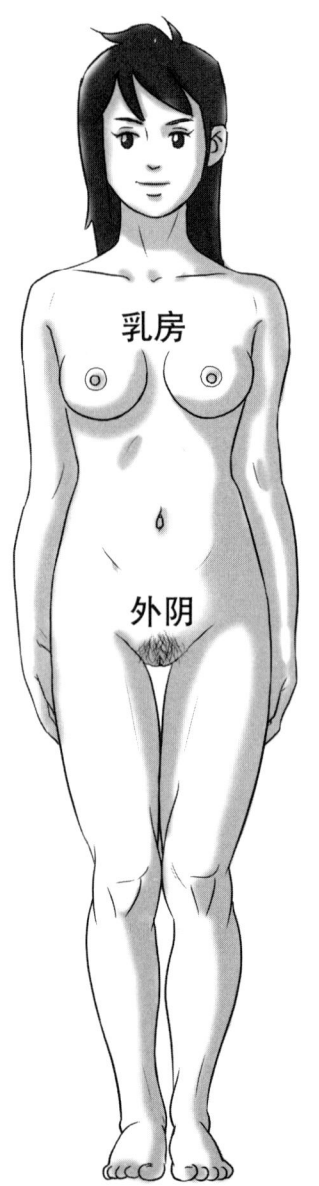
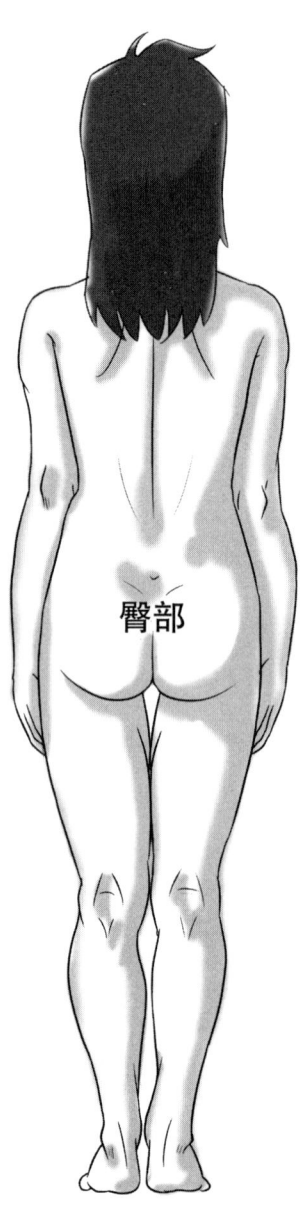

 # 公开的还是私密的

青春期后,你的外表看起来会更像一个大人(而不是小女孩)。当你的外形像个成年人了,人们会希望你的言谈举止也像成年人一样。所以,你需要学习成年人在公开场合以及私底下可以说些什么和做些什么。

让我们再来复习一下这两个重要的词汇:公开和私密。

公开意味着周围有其他人。你能想到一个你最喜欢的公开场合吗?

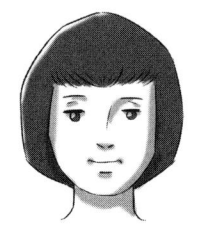

私密意味着你身边没有其他人。没有其他人能看见或听见你。你在家里有一个私密的地方吗?它在哪里呢?

这是可以公开的，还是属于个人隐私

以下是一个女孩经常会做的一些事情。其中有七项只能私底下进行。你知道是哪几项吗？

1. 更换卫生巾。
2. 询问洗手间在哪里。
3. 吃一个脆筒冰激凌。
4. 在腋下涂抹体香剂。
5. 看一部有接吻镜头的电影。
6. 与他人分享有关自己身体变化的信息。
7. 在商店购买卫生巾。
8. 触摸自己的外阴。
9. 问别人有关生理周期和戴文胸的问题。
10. 在游泳池穿一件比基尼。
11. 洗澡。
12. 和朋友玩成语接龙游戏。
13. 告诉老师自己的卫生巾用完了。

答案（请倒过来看）：

属于个人隐私的情景是：1、4、6、8、9、11、13。

最后的话

 ## 成长是很正常的事情

从女孩变成女人是令人兴奋的。但你也可能有点担忧。你对发生在自己身上的事情有疑问是很正常的!

当你有问题时,请向父母或其他你信任的成年人请教。除此之外的其他人不需要知道你的身体发生了什么。记住,身体的变化是非常私密的事情。

青春期是我们成长过程中的必经阶段。每个女孩都会度过自己的青春期,这是再正常不过的事情。

关于生理期的常见问题及其答案

1. 男孩和男人有生理期吗?

　　没有！只有进入青春期的女孩和成年女性有生理期。

2. 经血流出来的时候恐怖吗?

　　你第一次经历生理期（初潮）时，可能会担忧害怕。那是因为你对它一无所知，完全不知道它为什么以及什么时候会出现。你的身体有了新的变化，你需要适应全新的自己。

　　本书可以帮助你了解有关生理期的一切，让你知道这是一件再正常不过的事。当你对你的身体正在发生和即将发生的变化有了一定的了解，你就不会害怕了。

　　请记住，每个女孩都会有生理期。这是你身体健康和发育正常的标志。

3. 我能阻止经血流出来吗?

当你处于生理期时，你是无法控制经血从你的阴道流出来的。经血来自你的子宫内部。（请参阅第 26 页的图片。）子宫不是你可以自主控制的肌肉（像你控制膀胱停止小便那样）。

生理期时，你需要使用卫生巾，直到出血停止，也就是本次生理期结束。

4. 生理期会消失吗?

会的！生理期从你进入青春期的某个时候开始出现。当你年龄很大的时候，生理期就不会出现了。

女性在 40 多岁或 50 多岁时，生理期就会逐渐消失，这一阶段叫作更年期。当一个女性过了更年期，她就不再有生理期了。

5. 晚上睡觉时需要垫上卫生巾吗?

需要！即使你在睡觉，经血也会从阴道里流出来。所以，你需要穿内裤，并垫上卫生巾。

有些女孩和成年女性会使用夜用型卫生巾。

这种卫生巾可以吸收更多的经血,这样就可以睡个整觉而不必起来更换卫生巾了。

6. 如何预测生理期的时间?

现在还没有办法准确预知初潮的时间。但你的身体会给你很多提示,你的乳房开始发育了吗?你开始长阴毛了吗?你的情绪变得喜怒无常了吗?这些都表明你已经进入青春期,生理期即将出现!

经过几次生理期后,你的月经周期开始变得有规律,一般一个月就会来一次。如果你想掌握它的规律,你可以试着在日历上,将本次月经开始的日期圈起来。比如,它开始于6月4日,你就用笔将6月4日圈起来,然后圈出下个月的同一日期,即7月4日。

当然日期也许不会那么精确，它可能会比预期时间提前或推后几天。对于下次什么时候来月经做到心中有数，有助于自己做好准备。

7. 如果来月经了而自己不在家，怎么办？

初潮时间是没有办法准确预知的。所以，只能提前打算！你和妈妈可以为此做些准备，这样到时你就不会手忙脚乱了。下面是一些建议：

* 在你的背包或钱包里放几片卫生巾。这样，一旦发现内裤上有血迹，你就可以及时用上它们！

* 家里的车上常备着几片卫生巾，便于意外发现来月经时使用。

* 如果你刚好在别人家做客，而你急需一片卫生巾，那么你可以告诉身边的成年女性。所有的女性都来过月经，她们会马上明白你的意思，帮你找到卫生巾。

8. 如果衣服沾到经血，我该怎么办？

这是每个女孩（甚至成年女性）都遇到过

的小麻烦。如果你在家时衣服上沾到了血，那就赶快换上干净的衣服，并垫上卫生巾。把有血渍的衣服尽快放进浴缸或水槽里，用凉水泡一会儿，然后洗净。

生理期时在学校多备上一套衣服，以防这种意外情况发生。如果你的校服染上了血，立刻换上备用的衣服。回家后浸泡脏衣服，然后洗净。如果你需要别人帮你，请私底下向女老师求助。

9. 我可以在生理期洗澡吗？

当然可以！在生理期保持身体洁净是很重要的！当你泡澡或淋浴时，经血可能会减少或停止流出。当你洗完澡后，经血会再次流出。所以，洗澡前就要准备好卫生巾和干净衣物。

10. 生理期时可以游泳吗？

使用卫生巾时不能在游泳池或湖泊里游泳。卫生巾遇水会不好用，同时既不健康也不卫生。

如果你想在生理期期间游泳，你要学会如何使用卫生棉条。卫生棉条和卫生巾的用法不太一样，它也可以吸收经血。卫生棉条使用起来有难度，需要多次尝试。因为卫生棉条要放进阴道里面，从体表上是看不见的，使用起来需要一定技巧。

如果你想尝试用卫生棉条取代卫生巾，可以请教你的妈妈或其他成年女性，让她们来帮助你。

11. 为什么女孩和成年女性有生理期？

生理期的出现表示你已经有生育能力了。每个月，子宫都会周期性地形成一层组织，以备胎儿生长。

当然，子宫里大部分时候并没有胎儿。所以，我们的身体不需要那层组织。如果子宫里没有胎儿，这层组织就会脱落，随着血液从阴道里排出来，从而形成生理期（参见第26页）。

怎样才能在子宫内孕育胎儿呢？唯一的办法就是让男人的精子和女人的卵子结合在一起。这只能依靠男人和女人发生性行为实现。当夫妻双方都觉得他们有能力抚养一个孩子健康成长时，他们就可以生孩子啦！

即使不生育孩子，成年女性（或女孩）的生理期每个月也会如期而至。

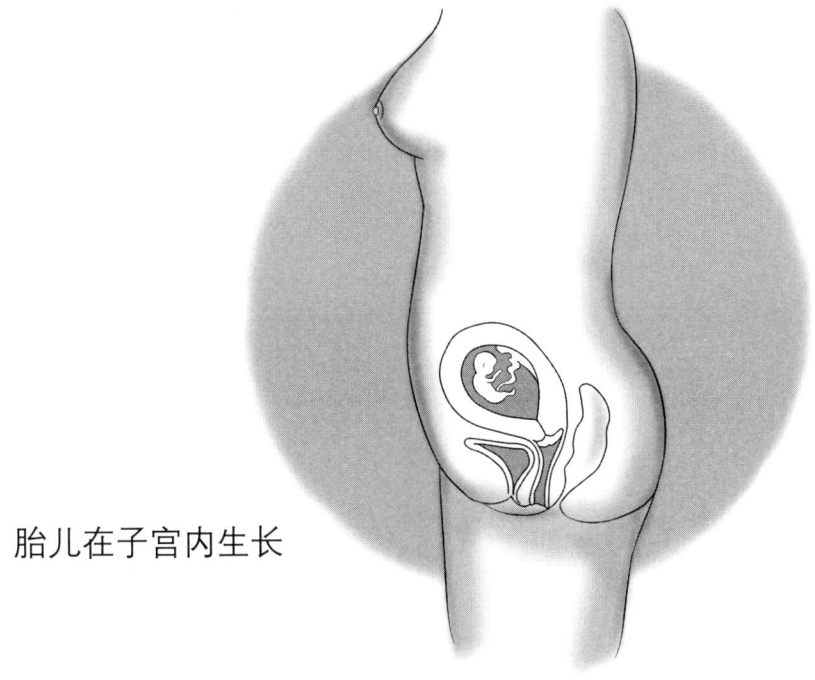

胎儿在子宫内生长

（关注微信公众号华夏特教，免费获取第3、7、28-31、44页相关内容的电子版图文资料）

图书在版编目（CIP）数据

迎接我的青春期：发育障碍女孩成长手册/（美）特丽·库温霍芬 (Terri C. Couwenhoven)著；白萍，张勇译. --北京：华夏出版社，2022.4

书名原文：The Girls' Guide to Growing Up: Choices and Changes in the Tween Years

ISBN 978-5222-0205-1

Ⅰ.①迎⋯ Ⅱ.①特⋯ ②白⋯ ③张⋯ Ⅲ.①女性－青春期－健康教育－手册 Ⅳ.①G479-62

中国版本图书馆 CIP 数据核字（2021）第 253525 号

THE GIRLS' GUIDE TO GROWING UP: Choices and Changes in the Tween Years by Terri C. Couwenhoven
Copyright © 2012 Terri Couwenhoven
Simplified Chinese translation copyright © (2022) by Huaxia Publishing House Co., Ltd.
Published by arrangement with Writers House, LLC through Bardon-Chinese Media Agency
ALL RIGHTS RESERVED

©华夏出版社有限公司　未经许可，不得以任何方式使用本书全部或任何部分内容，违者必究。

北京市版权局著作权合同登记号：图字 01-2021-4250 号

迎接我的青春期：发育障碍女孩成长手册

作　　者	［美］特丽·库温霍芬
译　　者	白　萍　张　勇
责任编辑	许　婷　李傲男
出版发行	华夏出版社有限公司
经　　销	新华书店
印　　装	三河市万龙印装有限公司
版　　次	2022 年 4 月北京第 1 版　2022 年 4 月北京第 1 次印刷
开　　本	787×1092　1/16 开
印　　张	4.5
字　　数	12 千字
定　　价	29.00 元

华夏出版社有限公司　地址：北京市东直门外香河园北里 4 号　邮编：100028
　　　　　　　　　　网址：www.hxph.com.cn　电话：（010）64663331（转）

若发现本版图书有印装质量问题，请与我社营销中心联系调换。